*Einer Stadt gewidmet, in der mir sehr viel
Herzlichkeit entgegengebracht wurde.*

Karsten S. Michels

Mehr als Anime und Sushi

14 kurze Tokyo-Erlebnisse, die noch lange im
Gedächtnis blieben

Für Fragen und Anregungen: karsten.s.michels@web.de

Covergestaltung unter Verwendung des Bildmaterials von:
iStock.com/worldtravelerphoto   (ID 619374810)
iStock.com/Roman Bykhalets   (ID 1227152284)

Korrektorat & Lektorat: Jonas Westhoff

Bibliografische Information der Deutschen Nationalbibliothek:
Die Deutsche Nationalbibliothek verzeichnet diese Publikation
in der Deutschen Nationalbibliografie; detaillierte
bibliografische Daten sind im Internet über http://dnb.d-nb.de
abrufbar.

2. Auflage
© 2021 Karsten S. Michels

Herstellung und Verlag: BoD - Books on Demand, Norderstedt

ISBN: 9783754345252

― Alles wegen Mario und Mila

Ich verdanke es einer Super Nintendo Konsole, dass ich in Kindheitstagen einen italienischen Klempner kennen lernte. Um seine geliebte Prinzessin zu retten, kämpfte er auf einem Dinosaurier reitend gegen Monsterschildkröten, Geister und äußerst aggressive Pflanzen.

Später bescherte uns die selbe Konsole spannende Kämpfe um den Titel des weltbesten Street Fighters. Außerdem halfen wir Link bei der Rettung seiner Zelda und unterstützten Kirby beim Einsaugen zahlloser knuffiger Monster. Und zweifellos: Ohne uns hätte Donkey Kong im Leben nicht so viele Bananen sammeln können.

Auch die Fernsehnachmittage waren geprägt von japanischen Einflüssen. Die Kickers rannten über so riesige Spielfelder, dass die Erdkrümmung auf diesen deutlich sichtbar wurde. Mila Ayuhara strebte danach, die Nr. 1 in ihrem Sport zu werden und formte mit ihrem wuchtigen Schlag den Volleyball zu einer Banane. Unsere Helden aus Dragonball flogen stundenlang durch die Luft und verwüsteten bei ihren Kämpfen ganze Planeten. Viele von uns packte die Pokemon-Sammelwut oder wir fieberten mit unseren Digimon-Freunden mit. Die Mädchen von damals hielten ihre Mondsteine und spürten deren Kraft, während die Jungs Mister Miyagi zuschauten, wie er aus dem laschen Weichei Daniel-san einen schlagkräftigen Karateka formte.

Letzten Endes ging es immer um das selbe: Sei stark und gib niemals auf. Selbst Godzilla, der scheinbar nur aus einem

Stück Altreifen geschnitzt wurde, kämpfte immer und immer wieder gegen Mothra, Rodan und die anderen Kameraden aus dem MonsterVerse. Dabei wurden sie niemals müde, metallisch zu kreischen und Tokyo in Schutt und Asche zu legen.

Japan ließ mich über die Jahre nicht los: Takeshi im TV. Ishikawa, Kaizen und Kanban im Job. Dann das neue Sushi Restaurant in der Innenstadt – all das übte eine magische Anziehung auf mich aus. Dieses Land schien still nach mir zu rufen.

Entspannt saß ich in der Boeing der japanischen Airline ANA. Zwölf Stunden Flugzeit mussten noch überbrückt werden. Über die Einstellungskriterien für Stewardessen wusste ich nichts, aber überdurchschnittliche Schönheit schien eines zu sein. Eine der modelmäßig schönen Damen stand nun mit dem Getränkewagen neben meiner Sitzreihe. *»Something to drink?«*, fragte sie mit typisch piepsiger Stimme. *»Do you have some beer?«* An ihrem Gesichtsausdruck war zu erkennen, dass sie scheinbar nicht besonders oft mit dieser Frage konfrontiert wurde. Sie schmunzelte und reichte mir eine Dose Kirin's Prime Brew. »Brewed for good times« war darauf zu lesen. Na, das passte ja hervorragend zu meiner Stimmung! Das Zischen vom Öffnen der Dose glich dem Startschuss für diese Reise. Ich ließ mich in meinen Sitz fallen und schaute durch das Fenster auf die geschlossene Wolkendecke. Nachdem ich den letzten Schluck »Prime Brew« während dieser »good times« genüsslich aus der Dose schlürfte, schloss ich die Augen und ein zufriedenes Lächeln machte sich in meinem Gesicht breit, begleitet von einem unbekannten, sehr wohligen Gefühl: Es musste jenes Gefühl sein, wenn Träume zu Realität werden.

☰ Zugfahrt nach Kashiwa

Angekommen am Narita Airport betraten wir zum ersten mal japanischen Boden. Das Einreiseprozedere war schnell hinter uns gebracht und der Automat spuckte die ersten Yen in unsere Portemonnaies. Das gebuchte Hotel befand sich in Kashiwa, einer Stadt nordöstlich von Tokyo. Das Gepäck im Schlepptau setzten wir uns in die nächste Bahn. Dörfer und Felder zogen unscheinbar an den Zugfenstern vorbei. Mir fiel auf, dass selbst an den ländlicheren Haltepunkten Leute in Businnes-Kleidung zustiegen.

Am Zielbahnhof verließen stilvoll gekleidete Damen und Anzug tragende Herren das Abteil, neue Reisende warteten bereits in Reihen geordnet auf das Einsteigen. Im Deutschen sagen wir gern »Gemurmel wie in einer Bahnhofshalle«. Dort hatte dieser Spruch aber keinerlei Bedeutung. Es war ruhig und trotz der vielen Menschen herrschte weder Gedränge noch Hektik. Wir fügten uns in das System ein und folgten den Pfeilen auf dem Boden Richtung Ausgang. Andere Westler übersahen diese Laufrichtungsmarkierungen offensichtlich und fanden sich in mitten einer Armee aus Anzugträgern wieder. »Schwimmen gegen den Strom« hatte nun sehr wohl eine Bedeutung.

Viele Stufen später sahen wir wieder Himmel. Es war dunkel geworden und Regen sorgte dafür, dass sich die Lichter der Stadt in den Pfützen spiegelten. Vor uns verlor eine Frau die Hülle ihres Regenschirms. Sofort hob der Mann hinter ihr diese auf und machte die Dame auf ihren Verlust aufmerksam.

Man bedankte und verbeugte sich mehrfach, bevor man weiter seiner Wege ging.

Sehr angenehm waren die Temperaturen, aber eine kurze Hose trug niemand. Überhaupt erblickte ich niemanden, der nach Freizeit aussah. Keine Jogginghosen und auch die Rentner trugen nicht die bei uns übliche Kluft in lebensverneinendem Grau.

Wir betraten die Lobby des Hotels und checkten ein. Nachdem die Hübsche an der Rezeption unsere Pässe mit den Buchungen abgeglichen hatte, gab sie diese an uns zurück. Bei dem Versuch, meinen Namen auszusprechen, brach sie sich fast die Zunge und überreichte mir anschließend den Schlüssel für das Zimmer »ni, ichi, zero, ni«.

Der Raum war winzig. Es gab keinen Schrank, nur eine kleine Nische zum Jacke aufhängen und Schuhe abstellen. Auf dem Schreibtisch drängten sich Wasserkocher, Telefon und Fernseher. Darunter befand sich ein Mini-Kühlschrank. Auf dem Bett lag ein Yukata, welcher mit dem täglichen Reinigen des Zimmers getauscht wurde. Selbst der dazu gehörige Gürtel, den man Obi nennt, war ordnungsgemäß in einer Dreieckform zusammen gelegt worden. Ich öffnete das Fenster und blicke direkt auf die Fassade des Hochhauses gegenüber. Einen atemberaubenden Panoramablick würde ich anders definieren.

Das Bad beherbergte eins dieser berühmten High-Tech-WCs. Bis zum damaligen Augenblick habe ich diese »washing«-Funktionen nur belächeln können. Nun aber entdeckte ich, völlig desillusioniert von einem der technisch fortschrittlichsten Länder des Planeten, die Klorolle. Was man dort abwickeln konnte, verlor jeden Vergleich mit dem billigsten Papiertaschentuch aus der untersten Regalreihe des günstigsten Discounters. Innerlich verneigte ich mich vor den Leistungen der japanischen Wasserklosett-Ingenieure, bedankte mich zutiefst und legte mich auf das Bett.

Mein Blick fiel dabei auf das Bild an der Wand: Eine Dose Budweiser, handgezeichnet. Aus der Dosenoberseite sprießte ein junges Pflänzchen, mit zarten grünen Blättern. Während ich über die Bedeutung dieses Werks philosophierte, fragte ich mich gleichzeitig, ob es nicht auch ein Vorzeichen für den weiteren Verlauf dieser Reise sein könnte...

二 Kanpai!

Nur wenige Gehminuten vom Hotel entfernt befand sich ein Izakaya-Restaurant. Man würde das hierzulande als Bar bezeichnen, in der auch kleinere Speißen serviert wurden. Allmählich machten uns unsere Mägen darauf aufmerksam, dass das Abendessen noch aus stand und das Lokal sah mehr als nur einladend aus. Die Front bestand aus bodentiefen, von Holz gerahmten Fenstern, wodurch man bereits von außen die vielen anwesenden Gäste sehen konnte. Der obere Fensterrand war gesäumt von kleinen schwarzen flaggenähnlichen und mit Schriftzeichen verzierten Stoffstreifen. Darüber hing eine Lichterkette und darüber wiederum, oberhalb des kurzen Vordaches, waren zwei große weiße Papierlaternen angebracht. In deren Mitte befanden sich, hell erleuchtet durch mehrere kleine Scheinwerfer, große Tafeln mit weiteren Zeichen. Die mittlere war schwarz und ähnelte den kleinen Flaggen. All das vor dem Hintergrund einer hellen Holzvertäfelung. Allein diese Aufmachung, die keineswegs kitschig, sondern vielmehr wie ein Kunstwerk wirkte, rief bei mir ein zufriedenes Lächeln hervor.

Der Mann am Eingang führte uns zu einem freien Tisch. Ganz japangemäß zogen wir die Schuhe aus und machten es uns gemütlich. Die Stimmung war ausgelassen und der Duft aus der offenen Küche erfüllte den gesamten Raum. Eine gewohnt hübsche Bedienung in traditionell anmutender Kleidung brachte uns heiße Lappen direkt aus einem Dampfschrank. In Japan ist es üblich, sich vor dem Essen damit die Hände zu reinigen. Wir bestellten einen bunten

Blumenstrauß verschiedener Köstlichkeiten: Seetangsalat, Grillspieße, Kimchi, Pilze, Cryozas, Hackbällchen, Schinken-Käse-Röllchen und auch Edamame waren dabei. Als Snack gedacht waren die Portionen recht klein - die Freude beim Essen war jedoch riesig. Am Ende dieses Abends sollten wir noch drei- oder viermal nachbestellt haben.

Auch der ein oder andere Tropfen Biru und Sake benetzte unsere Lippen. Es schien eine besondere Tat zu sein, wenn man das zweite Maß bestellt, noch bevor man das erste angerührt hat. Zumindest ernteten wir viele bewundernde Blicke, als das Serviermädchen unsere Bestellung brachte.

Die Atmosphäre war wundervoll. Verhältnismäßig laut hörte man durch die Unterhaltungen der anderen Gäste stets das Bruzzeln aus der Küche. Leute, die an unserem Tisch vorbei kamen, blieben oftmals stehen: *»Where are you from?«*, war ein guter Aufhänger für kurzen Smalltalk. Die Jungs vom Nachbartisch prosteten uns zu und als wir ein Gruppenbild von uns machen wollten, kam sofort jemand, der die Kamera hielt und das für uns erledigte.

Während wir großen Spaß hatten, schlüpfte die Bedienung aus ihren Schlappen und lief barfuß von Tisch zu Tisch, um diese zu reinigen. Wir waren die letzten Gäste. Leider schloss das Izakaya bereits 22 Uhr und so beglichen wir unsere Rechnung. Als wir Richtung Ausgang gingen, saß lediglich noch ein älterer Herr mit hellgrauem Bart und beleibter Statur auf einem der Barhocker. Er nickte uns zu, wir nickten lächelnd zurück.

Als ich in der Lobby ankam, war von den anderen nichts zu sehen. Ich stellte mir vor, wie Strohbüschel wie in einem Western durch den Raum rollten und in der Ferne jemand auf seiner Mundharmonika das Lied vom Tod spielte, bis an der Rezeption das Telefon klingelte. Die Hübsche hinter dem Tresen nahm den Hörer ab. In Japan sagt man alle paar Sekunden »hai«, um zu zeigen, dass man dem Gespräch folgt. Obwohl es kein Bildtelefon war, nickte sie dabei und ihr ganzer Körper wippte dabei mit. Fasziniert beobachtete ich dieses Schauspiel, bis das Bimmeln des Aufzuges den Rest der Gruppe ankündigte.

Es war noch früh und viele Geschäfte öffneten gerade erst, als wir das Hotel verließen und zum Bahnhof gingen. Man sah offenstehende Ladentüren und Autos, deren geöffnete Heckklappen den Blick auf verschiedenste Waren freigaben. In diesem Land gibt es sehr wenig Kriminalität, das war hier deutlich zu erkennen.

Am Bahnhof stiegen wir in die JR Joban Line. JR steht für Japan Railways und ist die Unternehmensgruppe, welche auch die weltberühmten Shinkansen-Hochgeschwindigkeitszüge betreibt. Wir jedoch saßen in einem gewöhnlichen Zug, den wir 20 Minuten später wieder verließen, um in die Tobu Sky Tree Line zu steigen, welche uns nach Asakusa brachte.

Eigentlich musste man sich dabei gar nicht merken, wo man aussteigen wollte. Es hätte gereicht, sich die Uhrzeit zu merken, da die Züge unglaublich pünktlich waren. Bereits bei einer Verspätung von einer Minute wurde diese Unpünktlichkeit am Bahnsteig durchgesagt. Bei größeren Verspätungen berichten angeblich sogar die Medien darüber.

Auf der Nakamise Street angekommen, war ich schier überwältigt vom geschäftigen Gewimmel an Menschen. Einheimische flanierten in traditionellen Outfits: farbenfrohe und blumige Yukatas oder Kimonos bei den Frauen, Pendants in schlichtem Grau bei den Herren. Touristen schwärmten von Verkaufsstand zu Verkaufsstand und wir mischten uns darunter, um uns im Gedränge treiben zu lassen.

Unweit des Hozomon Tors hörte ich ein leises, kindliches *»Excuse me pleeeaaase, can we ask you some questiiiooons?«* hinter mir. Als ich mich umdrehte, sah ich erstmal nichts, bis ich meinen Blick etwas senkte und zehn Schüleraugen mir entgegenblickten. Mit Fotoapparat, Block und Stift bewaffnet erfüllten sie ihren Auftrag: Unterhalte dich in Englisch mit einem Ausländer. Nachdem ich beantwortet hatte, wie ich heiße, wie alt ich bin, wo ich herkomme und was mein Lieblingsort in Tokyo ist, musste noch ein gemeinsames Foto gemacht werden. Ein älteres Paar, vermutlich Rentner, beobachtete das ganze und lachte, als ich mit meiner typischen Daumen-hoch-Pose mit den Kiddies für das Beweisfoto posierte. Ehe ich mich wegbewegen konnte, stand die japanische Omi an meiner Seite und hob ebenfalls den Daumen nach oben, was ihr Mann gleich fotografisch festhielt. Es folgten ein Lächeln, eine Verbeugung und die Frage, welche Note die Kleinen wohl bekommen haben.

五 Über den Dächern Minatos

Als sich die Türen der Bahn öffneten, strömten die Leute heraus und ließen einen leeren Zug zurück. Endstation. In zehn Minuten würde er wieder seine Fahrt in die Gegenrichtung antreten. So war genug Zeit zum Umsteigen und ich fotografierte ein Schild, auf dem Son Goku Werbung für probiotische Getränke machte. In ihrer Annnahme, dass ich nicht weiter wusste, wurde ich zum Ziel einer sehr hilfsbereiten Frau. *»This ist the last station! Where you want to go?«* Es stimmt offensichtlich: Man muss in Japan nur den Anschein von Hilflosigkeit erwecken und schon steht einem jemand zur Seite. Über die Endstation dieses Zuges war ich mir im Klaren und auch, wo ich nun hinzugehen hatte. Aber es war zu goldig, wie sie vor mir stand und bereits zu 120 % im Hilfemodus war. Also antwortet ich *»Seaside Top«*. *»Ok, then you have to go left, then upstairs, then...«* Den ganzen Weg zu beschreiben wurde ihr zu mühselig: *»Follow me!«* Sie winkte mich heran und nachdem geklärt war, woher ich komme und ob ich ein Ticket habe, lieferte sie mich vor dem Zugang zu meinem Bahnsteig ab.

Bereits am Eingang des World Trade Center Buildings war der Weg zum Observatory in verschiedensten Sprachen ausgeschrieben. Eine Dame im Businessoutfit bediente den Aufzug und unterstützte Besucher beim Umgang mit dem Ticketautomaten. Außer mir war gerade keiner da und ein kurzes Gespräch entwickelte sich, während ich nach und nach eine Handvoll Yen in den Automaten steckte. *»Where are you* *from?«*, fragte sie neugierig mit sehr ruhiger Stimme. *»I'm a tourist from Germany«*, entgegnete ich und war bemüht, mindestens so zu lächeln, wie sie es tat. *»Oooh, eine weite Reise!«* In einem Land, wo Englisch nicht selbstverständlich ist, überrascht es sehr, den Klang der deutschen Sprache zu hören. Ein paar Sätze Smalltalk später war der Aufzug bereits da.

Als sich seine Türen wenige Sekunden später erneut öffnen, betrat ich die Etage, mit der phantastischen 360°-Verglasung. Leise Klaviermusik spielte im Hintergrund. Das war die passende Untermalung für den traumhaften Anblick, der sich bald auftun sollte und die hier herrschende Stimmung, die man nur bewundern konnte. Nur minimal wurde das Ambiente beleuchtet. Wie in einem Kino, kurz bevor die Vorstellung beginnt. Die Leute flüsterten nur und wirkten fast bedächtig. Während die Sonne langsam am Horizont verschwand, bekam die in Dämmerung fallende Stadt für einen kurzen Moment einen rötlichen Anstrich. Nach und nach erhellten Lichter die Bürotürme und Autos ließen Straßen wie Leuchtspuren erscheinen, die sich am Boden durch die Häuser schlängelten. Der Tokyo Tower erstrahlte in vollem Glanz wie ein Fingerzeig zum Himmel. In der Bucht leuchtete die Rainbow Bridge in ganzer Pracht und das bunte Riesenrad drehte sich farbenfroh und blinkend vor Odaibas` nächtlicher Skyline.

Ich stand vor dem Fenster mit der Beschriftung »Fuji View«. Zwar hatte sich der heilige Berg mystisch in Dunkelheit gehüllt und ließ sich höchstens erahnen, dennoch verschlug einem dieser Anblick die Worte – es war pure Schönheit.

六 Die Milk-Tea-Situation

Zum Frühstück spazierten wir in die Bäckerei am Südeingang des Bahnhofes. Der Schriftzug »Délifrance – Boulangerie et Café francais« thronte über dem Eingang. Kaum hatten wir das Lokal betreten, wurde klar, dass hier ein kleines Stück Frankreich zu finden war. Oder besser gesagt: Ein kleines Stück davon, wie Japaner sich Frankreich vorstellen. Die Wände zierten Bilder von Eifelturm, Triumphbogen und Louvre. Im Verkaufsraum wurden die Ohren von nicht enden wollenden, in Dauerschleife laufenden Klängen einer Ziehharmonika gefoltert. Bereits die Pizza am Eingang und die sandwichartig zubereiteten Baguettes im Schaufenster ließen erahnen, dass die echte französische Küche hier nicht vorherrschend sein würde.

Aller spätestens jetzt war der Zeitpunkt gekommen, an dem ich mir wünschte, wenigstens ein bisschen die Schrift lesen zu können. Backwerk, dass wie ein gewöhnliches Brötchen aussah, war nie, kein einziges mal, tatsächlich nur ein gewöhnliches Brötchen. Wie bei einem Überraschungsei konnte man nicht wissen, was sich im Inneren verbergen würde. Von süß bis herzhaft über Bohnenpaste bis zum frittierten Hühnchen war alles an Füllungen zu finden. Eine Gemeinsamkeit gab es allerdings: Der Geschmack war stets délicieux.

Mein Tablett war nun voller Hotdogs, Kuchen und ein paar besagter Mystery-Brötchen. An der Kasse bestellte ich bei einer sehr ansehnlichen Mitarbeiterin noch einen Royal Milk Tea. Wie ich lernte, ist das schwarzer Tee mit Milch, zu dem man eine Tassenportion Ahornsirup gereicht bekommt. *»Hotto?«*, fragte sie. Etwas naiv nahm ich an, dass »hotto« für »heiß« steht und bestätigte mit einem *»hai«*.

Bald schon wurde das Frühstück hier zur Regel und wenige Tage später war hinter der Kasse ein neues Gesicht zu sehen. Sie trug andere Kleidung als ihre Kollegen und schien deutlich jünger. Ich schlussfolgerte: Es musste sich um eine Auszubildende handeln. Wieder bestellte ich Royal Milk Tea und zwar hotto. *»Teeeaaa?«*, fragte sie, während sie mich mit großen Augen anschaute. *»Yes, royal milk tea, please.«* Ich schaute mich nach einem schönen Platz am Fenster um und war sicher, sie würde nun eifrig meinen Tee zubereiten. Ein weiteres *»Teeeaaa?«* riss mich aus diesem Irrglauben zurück in die Realität. *»Yes. One milk tea, please«*, musste ich erneut zur Antwort geben und traute meinen Ohren nicht, als ich es ein drittes mal hören musste: *»Teeeaaa?«*

Durch die große Scheibe am auserwählten Fensterplatz beobachtete ich das unablässige Kommen und Gehen am Bahnhof. Ob mit Anzug und Aktentasche oder Schüler in typischer Uniform – eifrig ging man seinem Alltag nach. Von Stress oder übertriebener Eile war nach wie vor nichts zu erkennen. Vielleicht ist ja eine gewisse Grundgelassenheit im Wesen der Japaner verankert. Bei diesem schönen Gedanken saß ich an einem kleinen Tisch und genoss meinen tea. Weder mit milk, noch hotto. Dafür erfüllt von einer inneren Ruhe, die keinen Groll gegen irgendetwas zuließ. Schon gar nicht gegenüber der kleinen Azubine.

Die Ausmaße Tokyos sind gigantisch. Man könnte hier für Monate leben und hätte trotzdem nicht alles Sehenswerte zu Gesicht bekommen. Unsere Zeit aber war begrenzt und ein Erlebnis in japanischer Natur sollte unbedingt den Erinnerungsschatz an dieses Land bereichern.

Die am Zugfenster vorbeiziehende Landschaft wurde grüner und grüner. Beschauliche Häuser und bewaldete Berge dominierten zunehmend die Gegend. Wir verließen die Bahn am Fuße des Berges Takao und begaben uns auf den ausgeschriebenen Weg Richtung Gipfel. Neben den vielen kleinen buddhaartigen Figuren erwies sich vor allem die Flora und Fauna als äußerst spannend. Riesige, wie versteinert wirkende Bäume säumten den Wegesrand. Gottesanbeterinnen, fußballgroße Kröten und Regenwürmer im Format handelsüblicher Gartenschläuche kreuzten unseren Weg. Das Warnschild vor freilebenden Affen offenbarte die Anwesenheit weiterer Waldbewohner.

Auch menschliche Bewohner waren anzutreffen. Der buddhistische Yakuoin-Tempel ist die Heimat von Mönchen, die Shugendo, Askese in den Bergen, praktizieren. Zudem ist er dem mythischen Wesen Tengu gewidmet. Die geflügelten Geschöpfe mit roter Haut und langen Nasen werden als Boten der Götter betrachtet. Ihre zahlreichen steinernen Abbilder begleiteten uns auf dem Weg nach oben.

In der Nacht zuvor hatte es geregnet und die Luftfeuchtigkeit sorgte schnell für klamme Klamotten. Die Lösung für dieses Problem erschien in Form eines

Verkaufsstandes für Touristenshirts. In einer unbeobachteten Ecke verschwanden die durchtranspirierten Shirts im Rucksack und die frischen wurden übergestreift. Mit einem Tengu auf Brust und Rücken erreichten wir den Platz am höchsten Punkt von Tokyos Hausberg.

Viele andere Tagesausflügler saßen bereits auf den Bänken und Mauern und genossen den Ausblick oder das üppige Grün. Zur Abkühlung holte ich mir eine Flasche eiskalten Grüntee aus einem der Automaten, die in diesem Land wirklich an den undenkbarsten Orten zu finden sind. Wenn die Sicht ein bisschen besser gewesen wäre, hätte man sogar den majestätischen Fuji-san sehen können. Zumindest wollte uns das eine metallene Tafel am Geländer weis machen. Wir aber blickten stattdessen auf einen wolkenverhangenen Horizont. Der Blick über das Stadtgebiet sollte jedoch voll und ganz entschädigen.

Während wir besagte Aussicht genossen, versuchten sich hinter uns zwei kopftuchtragende Frauen zu selfiegrafieren. Schließlich baten sie uns, ihr Erinnerungsfoto zu knipsen. Als kleine Gegenleistung baten wir nun sie, das gleiche für uns zu tun. Und weil das Ganze so hervorragend funktioniert hat, gab es noch ein gemeinsames Bild von uns allen. Während sich allmählich die Nacht über die Landschaft legte und die Lichter Tokyos zu funkeln begannen, blickten europäische, arabische und japanische Augen gleichermaßen auf den bunten Schein der nächtlichen Metropole.

八 Ausflug in die elektrische Stadt

Auf dem Weg zum Bahnsteig, fiel mein Blick auf eine ungewohnte Szene: Am Eingang zum Bahnhof lag ein goldener Ring auf einem erhöhten Podest. Vermutlich hatte ihn jemand verloren, jemand anderes fand ihn und legte ihn dort gut sichtbar ab. Die Leute strömten in den Bahnhof und hinaus, aber der Ring schien niemandes Interesse zu wecken. Ich dachte kurz nach, wie lange man wohl in Berlin Gold unbeobachtet in der Öffentlichkeit liegen lassen könnte und setzte meinen Weg fort.

Das Ziel: Akihabara - auch bekannt als »Electric Town«.

Auf gewöhnlichen Märkten findet man Gemüse, Fleisch und sonstige Lebensmittel. Hier hingegen fand man Buchsen, Grafikkarten und alle anderen denkbaren elektrischen Bauteile. Von den Markisen hingen verschiedenste Kabel mit unterschiedlichsten Anschlüssen und, wie auf einem Flohmarkt, lagen auf dem Boden ausgebreitet zahllose alte Nintendo-Spiele. Untermalt wurde das Ganze mit J-Pop aus allen Richtungen.

    Hier fand man auch diese etwas eigenwilligen Meido-Cafés. Die Bedienungen dort tragen Dienstmädchen-, Krankenschwester- sowie verschiedene Manga- und Animeoutfits oder Schuluniformen. Oftmals in den oberen Etagen eines mehrstöckigen Geschäftsgebäudes gelegen, waren sie im Vorbeigehen schwer zu entdecken. Deswegen fand man auf den Straßen davor Mädchen in auffälligen märchenhaft anmutenden Kleidern, welche Flyer verteilten, Werbetafeln trugen oder die Leute direkt ansprachen, um die Cafés zu bewerben. Obwohl es in Japan offensichtlich ungewöhnlich viele hübsche Frauen gibt, arbeiteten diese scheinbar nicht daran, Kunden in die besagten Cafés zu locken. So sah man bei dieser Berufsgruppe häufig ein Gebiss, welches bei Kieferorthopäden funkelnde Augen und Goldgräberstimmung auslösen musste. Der Yaeba-Look, gekennzeichnet durch dentalen Wildwuchs, gilt in Japan tatsächlich als Schönheitsideal.

Wer ein Fan von Manga und Anime war, kam hier voll auf seine Kosten. Wer ein bisschen pervers drauf war, der ebenfalls. In einem Laden hing eine Wand voller Karten, auf denen Bilder von Frauen abgedruckt waren. Zuerst dachte ich, dass es sich um diese duftenden Dinger handelte, die man sich im Auto an den Rückspiegel hängt. Ich lag falsch – was die Sache mit dem Duft betraf aber auch irgendwie richtig. Diese Karten gibt man an der Kasse ab und erhält dafür die getragene Unterwäsche der Dame, die auf dem Bild zu sehen ist. Angeblich gibt es auch Automaten, wo Buchsenschnüffler anonym Material für ihren Fetisch erwerben können. So genau verfolgte ich das Thema dann aber doch nicht.

Überhaupt schien man hier mit solchen Dingen etwas lockerer umzugehen als bei uns. In einer Videothek war die »adult corner« durch einen locker hängenden, halbdurchsichtigen schwarzen Vorhang vom Rest des Ladens getrennt. Im Grunde konnte man genau sehen, was sich dahinter befand. Spätestens wenn jemand vorbeilief, wehte der Luftzug den Sichtschutz beiseite.

Im Land der Automaten erschien mir die Dichte in Akihabara ganz besonders hoch. Gegen Kleingeld bekam man

Dragonball-Flummis, Kostüme für die Mietze zuhause, kleine Spielzeuge und allerlei Dinge, die ich als Europäer wohl nicht verstehen kann.

Ein aufschlussreicher Tag verging wie im Flug und die Bahn brachte mich zurück. Als ich die Station wieder Richtung Hotel verließ, wischte ich mir ungläubig die Augen: Der goldene Ring lag noch immer unberührt auf der Erhöhung, wie bereits am selben Morgen vorgefunden.

九 Einmal Yakiniku mit ALLEM bitte!

Den Abend in unserem Lieblingsizakaya ausklingen zu lassen, war immer eine gute Idee. In den vergangenen Tagen mussten wir uns nur in Sichtweite des Kellners begeben und schon ging er zielstrebig nach drinnen und zeigte uns einen freien Tisch. Zum Abschied hörten wir stets ein augenzwinkerndes »See you tomorrow«. Doch dieses mal blickte uns unser Freund am Eingang betrübt entgegen. Leider gab es keinen Platz mehr für uns.

An diesem Abend zogen wir also von Lokal zu Lokal. Für die meist sehr kleinen Räumlichkeiten war unsere Gruppe zu groß und freie Tische waren rar. Es verschlug uns immer weiter in den Randbezirk, bis wir unser Glück in einem Yakiniku-Restaurant versuchten. Der rustikale Charme der hölzernen Aufmachung wirkte einladend und zu unserer Verwunderung waren nur zwei weitere Gäste anwesend. Auch das Innere war einfach gehalten und die Absaugung über dem Tisch sowie der markante Geruch ließen darauf schließen, dass der Grill vor uns mit Gas befeuert wurde. Gleich kam auch der Kellner und entzündete mit einem Feuerzeug die Flamme unter dem gusseisernen Rost. Da er kein Ventil betätigte, schlussfolgerte ich, dass das Gas die ganze Zeit aufgedreht war und schaute mich nervös nach einem Rauchverbotsschild um.

Leider gab es keine englischsprachige Karte. So verließen wir uns auf die Übersetzer-App und waren kaum klüger als ohne sie. »Empfehlung des Bosses«, »Empfehlung des Managers« und »Empfehlung des Küchenchefs« waren die einzigen brauchbaren Ergebnisse. Sonst wurde nur zusammenhangloses Kauderwelsch angezeigt. So bestellten wir, was der Boss empfahl und ließen uns überraschen.

Kurz darauf kam die Bedienung mit einer Schale Edamame und einem Teller bestem Rinder- und Schweinefleisch, geschnitten in feine Scheiben. Sofort packten wir die edlen Speißen auf den Grill. Es dampfte und zischte und uns lief schon beim Anblick das Wasser im Mund zusammen.

Durch unsere gute Wahl euphorisiert, bestellten wir anschließend die »Empfehlung des Managers«. Kurz darauf kam die Bedienung mit Pilzen, grünem Spargel und Paprika zurück. Auf einem weiteren Teller befanden sich mit Käse gefüllte Schinkenröllchen und kleine Hackfleischfladen, die mit Frühlingszwiebeln garniert waren. Nachdem auch diese Wahl vortrefflich war, sollte auch die »Empfehlung des Küchenchefs« den Weg auf unseren Grill finden.

Kurz darauf kam die Bedienung mit einem weiteren Teller und bedächtige Stille kehrte an unserem Tisch ein. Offensichtlich war der Küchenchef ein Fan von dem, was Boss und Manager übrig ließen. Neben Zunge und Leber befanden sich auch Dinge auf diesem Teller, die ich nicht identifizieren konnte. Nun soll man nicht urteilen, ohne probiert zu haben, doch die Aufnahme dieser fragwürdigen Häppchen ließ mein Körper nicht zu und er wehrte sich massiv dagegen. Mit Kirin versuchte ich den Gedanken zu ertränken, dass ich möglicherweise auf Hoden oder Rosetten herumgekaut hatte.

Der Abend war dennoch gelungen. Unser Kellner begleitete uns nach draußen, verbeugte sich und verabschiedete sich auf deutsch mit *»vielen Dank«*. Ein amüsiertes Grinsen konnte er dabei nicht verbergen.

✝ Spaziergang im Ueno Koen

Vom Bahnhof kommend, sah ich bereits Menschenmassen in den Park und aus diesem hinaus strömen. Es war Sonntag, den die Japaner Sonnentag nennen, und das Wetter passte hervorragend dazu. Es war herrlich. Neben dem hier befindlichen Nationalmuseum war auch der Zoo ein Menschenmagnet. 2017 konnten die Pfleger Nachwuchs im Pandagehege begrüßen. Das passiert weltweit sehr selten und so erfreut sich der Spross der stolzen Mutter Shin Shin und des Vaters Ri Ri großer Beliebtheit unter den Besuchern.

Auf den großen, von den berühmten Kirschbäumen gesäumten Alleen traf man zudem auf Straßentänzer, Musiker oder andere Unterhaltungskünstler, die hier ihr Können zum Vergnügen der Passanten zur Schau stellten. Im Spagat sitzend jonglierte ein mit einem schwarzen Anzug gekleideter Mann mit Bällen und vollführte dabei weitere Kunststücke. Mystisch klingende Xylophonmusik untermalte seine Show. Umringt wurde er dabei von zahlreichen Schaulustigen. Nicht wenige saßen auf dem Boden, im Schatten ihrer Regenschirme.

Wieder vernahm ich ein »Excuse me please«. Diesmal jedoch von einer erwachsenen Stimme. Ein Mann der Tourismusbehörde fragte mich, ob ich ein paar Minuten Zeit für eine kleine Befragung hätte. Er sprach recht gut Englisch und so konnten wir schnell seinen Fragebogen ausfüllen. Wie lang bleibe ich? Bin ich allein hier? Bin ich das erste mal hier? Weswegen bin ich hier? Bei dieser Frage gab es viele Antwortmöglichkeiten. Eine, die ich nicht ankreuzte, war »Japanese Whisky«. Dies schien ihm sofort aufzufallen: »You *don't drink alcohol?«* Ich verstand seine Worte. In seinem Blick las ich allerdings eher etwas wie: *»Ist schon in Ordnung, Milchbubi.«*

Wieder gab es zahlreiche Schreine, Tempel und Statuen zu entdecken. Auch das Denkmal von General Takamori Saigo war hier zu finden. Dieser war zur Zeit der Meiji-Restauration Befehlshaber der kaiserlichen Truppen gewesen und hatte in diesem geschichtsträchtigen Park die Vorherrschaft des verfeindeten Tokugawa-Shogunats beendet. Anschließend öffnete sich Japan der westlichen Welt, womit der General nicht einverstanden war und prompt selbst eine Armee gegen den Kaiser führte. Nach mehreren Monaten der Rebellion wurde er schließlich getötet. Aufgrund seines großen Ansehens, was er im Volk genoss, wurde er postum begnadigt und als Denkmal im Park verewigt. Die Geschichte von Takamori Saigo bildete später die Grundlage für den Film »Last Samurai«.

Ich näherte mich dem Shinobazu-Teich. Von weitem war er erst auf den zweiten Blick als Teich zu erkennen, da seine Wasseroberfläche von zahllosen Lotosblättern verdeckt wurde. Der Weg, der den Teich in zwei Hälften teilte, war links und rechts gesäumt von quietschbunten Verkaufsständen. Ein entgegenkommender Mann trug seinen Shiba auf dem Arm. Der Hund hatte ein rotes Halstuch um. Ein Stereotyp wie aus dem Lehrbuch - herrlich!

Überhaupt fiel mir auf, dass vieles so aussah, wie in den Serien aus Kindheitstagen dargestellt. Die wenigen dicken Japaner, die ich bisher sehen konnte, könnten direkt einem Anime entsprungen sein: Rundliches Gesicht mit dicken Wangen, die Mundwinkel freundlich weit oben und mit nicht erkennbaren Augen.

Diese Darstellungen, wie sie die Trickfilme von damals zeichneten, schienen sehr an der Realität angelehnt zu sein. Frisuren, wo ein langer Pony eine ganze Gesichtshälfte verdeckte oder gezackt wie Cloud Strife sah man täglich.

Ich genoss gegrilltes Krabbenfleisch vom handlichen Holzspieß. Der frische Tintenfisch vom Nachbarstand war mir dann doch etwas zu heftig. Mein Plan, den Park nur mal kurz zu durchqueren, hatte sich bereits zu einer 1,5-stündigen Erkundungstour ausgeweitet. Problemlos könnte man hier weitere Stunden zubringen und sich einfach am Geschehen um einen herum erfreuen.

十一 Abschied in Bunkyo

Gegen die geringe Gebühr von 300 ¥ durchschritt ich den Eingang des Koishikawa Korakuen Gartens. Im ältesten Garten Tokyos präsentierte sich mir eine Komposition chinesischer und japanischer Landschaften im Kleinformat. Neben von Bäumen beschatteten Wegen und Lotosteichen luden ebenso kleine, mit steinernen Stufen versehene Hügel oder die Ausläufer des zentral angelegten großen Teiches zum Verweilen ein. Letzterer war bewohnt von neugierigen Karpfen und ein Schild warnte vor bissigen Schildkröten.

Die Tsutenkyo-Brücke, ein in typischem japanischen Zinnoberrot lackiertes Meisterwerk aus Holz, überspannte eine kleine Schlucht im Westteil des Gartens. Etwas weiter nördlich führte die steinerne Engetsukyo-Brücke über einen kleinen Flusslauf. Diese wird auch als »Vollmondbrücke« bezeichnet. Ihre runde Bogenform und der auf das Wasser fallende Schatten ließen einen hellen Kreis in ihrer Mitte entstehen, welcher an den hell leuchtenden Vollmond erinnerte. Neben den beiden genannten gab es viele weitere Brücken, die entlang von Rinnsalen und kleinen Sturzbächen das Wegenetz vervollkommneten. Ein Reisfeld sollte an das harte Leben der Bauern erinnern und fügte sich in das Arrangement von Pinien, Ahorn, Pflaumen, Kirschen, Iris, Farnen und vielen anderen Pflanzen ein. Alle paar Meter konnte man eine andere Aussicht genießen und auch die Warnung vor Moskitos konnte meine Stimmung nicht trüben. Obwohl man die umliegenden Hochhäuser sehen konnte, fühlte man sich abgeschottet und es herrschte eine friedvolle Stimmung. Beim Verlassen des

Gartens fiel mein Blick auf das Bunkyo Civic Center. Noch einen letzten Ausblick über die Stadt genießen - deswegen war ich eigentlich nach Bunkyo gekommen.

Die obersten Etagen des Gebäudes erinnerten mich mit ihren schräg gestellten Glasflächen an die Brücke eines Containerschiffes. Mittels eines Aufzuges hatte man die ca. 105 m bis zur Aussichtsplattform innerhalb weniger Sekunden überwunden.

Es gehörte selbstverständlich zum guten Ton, dass es auch hier eine »Fuji View« gab. Sofern das Wetter entsprechend gut genug war, was natürlich nicht der Fall sein sollte. Dafür konnte man in eine kleine Ecke des benachbarten Unterhaltungskomplexes »Tokyo Dome City« sehen, wo die Achterbahn »Thunder Dolphin« durch die Mitte eines Riesenrades hindurch fuhr.

Obwohl der Besuch der Plattform kostenlos war, war sonst niemand anwesend. Es war still und in aller Ruhe konnte ich meinen Blick schweifen lassen - über die vielen Wolkenkratzer, die zahllosen beschaulicheren Häuser und die Grünflächen, die an vielen kleinen Stellen mitten aus dem Beton zu sprießen schienen. Der alles überragende Skytree erhob sich vom städtischen Grau hin zum blauen Himmel, an dem Wolken über all das hinwegzogen.

Ich ließ diesen Anblick etwas auf mich wirken. Innerlich nahm ich Abschied von dieser Stadt, die mich so sehr in ihren Bann gezogen hat.

十二 Sumimasen!

Wir saßen in einem dieser Korean-Barbecue-Restaurants und hatten das All-you-can-eat-&-drink-Menü bestellt. In der Mitte des Tisches befand sich ein Loch, in das der Kellner eine Schale mit glühenden Kohlen hing. Darauf packte er das Rost, der entstehende Rauch verschwand in einem Abzugsrohr oberhalb des Tisches. Das Grillgut stand in kleinen Schälchen parat, die goldenen Erzeugnisse der ansässigen Brauereien fanden ihren Platz in Gläsern der Größe 0,5 Liter. Dies sollte der Dreh- und Angelpunkt unseres letzten Abends im Speckgürtel der japanischen Hauptstadt sein.

Saubere Shirts hatte ich kaum noch und so saß ich mit einem Souvenir bekleidet am Tisch. Meine Brust zierte das Motiv des Tokyo Towers. Daneben waren eine dieser japanischen Laternen und ein Fächer gedruckt. Eines durfte natürlich nicht fehlen: Glitzer - die Umrisse der Motive glitzerten. Die Zeichen für To und Kyo waren ebenfalls mit von der Party. Als wir die nächste Bierrunde bestellen wollten, wurde der Kellner auf meinen lächerlichen Aufzug aufmerksam: *»Nice Shirt!«* Er schmunzelte und hob den Daumen nach oben.

Manchmal passierte es, dass die Bedienung nicht ständig vor Ort war. Um auf sich aufmerksam zu machen, müsste man nun laut »Sumimasen« rufen. Das ist ein allround-Wort und steht unter anderem für »Entschuldigung« oder eben dafür, den Kellner zu rufen. In einer Welt, wo alles so geordnet, diszipliniert und organisiert vor sich ging, kostete es schon ein bisschen Überwindung, so laut zu rufen, bis die Hübsche aus der Küche mit einem lauten »Hai!« antwortete.

Ein paar Minuten vor Küchenschluss besuchte uns nochmals der freundliche Kellner. Da wir seine Worte leider nicht verstehen konnten, wollten wir dieses Problem von der Übersetzter-App lösen lassen. Er wiederholte sich, das Display zeigte »happy«. Wir schauten uns fragend an und kamen gemeinsam zu dem Schluss, dass er wissen wollte, ob wir Spaß hätten. Mit geistlosen Ausrufen wie *»Happy! Happy! Yeah! Yeah!«* gaben wir ihm unsere Stimmung zu verstehen und untermauerten dies noch mit Zuprosten und übertriebenem Lachen. Wilde Gebärdensprache schien unseren Freund zu überfordern, jedoch lächelte er glücklich, als wir im gleichen Atemzug die letzte Bierrunde bestellten.

Zurück im Hotel ließen wir das Ganze Revue passieren. Irgendetwas stimmte da nicht. Als wir dann selbst noch mal die Worte des Kellners wiederholten, spuckte die App nun »Bestellung« aus. Gespenstige Ruhe herrschte plötzlich im Raum. Man hörte den Wind zwischen den Hochhäusern pfeifen. Einzelne Wassertropfen lösten sich vom Duschkopf, ihr Zerschmettern auf dem Wannenboden drang vom Bad in das übrige Zimmer und füllte es mit Klang. Uns wurde bewusst, dass wir lediglich gefragt worden waren, ob wir vor Küchenschluss noch eine letzte Bestellung platzieren möchten und darauf mit der Verkörperung eines grenzdebilen Affenrudels reagiert hatten.

Das Land der Dichter und Denker – wir haben es gebührend vertreten.

Es war früher Morgen, als wir unser Gepäck treppauf, treppab zum Bahnhof schleppten. Kurz darauf befanden wir uns bereits im Zug Richtung Flughafen. Stehen war unumgänglich, weil sitzen einfach nicht mehr möglich war. Zwischen die Beine geklemmt sicherten wir unsere Koffer gegen ein mögliches Umfallen. Japaner sind selbst in überfüllten Zügen sehr auf ihre Höflichkeit bedacht und so trugen wir unsere Rucksäcke auf dem Bauch, um niemanden versehentlich anzurempeln. Einem vertikalen Limbo gleichend schlängelten sich die Tokyoter an den Haltepunkten zwischen den Mitreisenden hindurch, um diese nicht stören zu müssen.

Am anderen Ende des Waggons saß eine Gruppe, die sich lautstark unterhielt. Viel zu oft wird behauptet, Asiaten würden alle gleich aussehen. Das ist schlichtweg falsch. Besonders, wenn man eine Zeit lang unter ihnen war, entwickelte man einen Blick dafür. Besagte Gruppe erschien mir nicht japanisch. Allein ihr Auftreten war alles andere als das. Die Einheimischen nutzten die Zeit der Zugfahrt, wenn sie nicht gerade vor sich hin dösten, zum Lesen oder schauten auf ihre Smartphones. Taschenbücher und reihenweise leuchtende Displays, auch bei den älteren Generationen, waren demnach kein ungewöhnlicher Anblick. Man konnte beobachten, wie den Undisziplinierten strafende Blicke zugeworfen wurden, der Nervfaktor anstieg und man auf Abstand ging.

Auf längeren Bahnfahrten begann man ganz unterbewusst, sich irgendwo anzulehnen und zu entspannen. Jedoch sollte man niemals, unter gar keinen Umständen, auf die Idee kommen, beide Hände gleichzeitig durch die Halteschlaufen zu stecken, die in Zügen von der Decke baumeln. Sie würden sich erst wieder daraus lösen, wenn sie vom Gewicht des eigenen bewusstlosen Körpers nach unten gezogen werden, angefeuchtet durch kalten Angstschweiß, der beim Überlebenskampf aus der Haut tritt. Für einen durchschnittlich großen Europäer ist es nicht möglich, sich im Alleingang aus diesen Todesfallen zu befreien.

Stunden- und Minutenzeiger der Uhr deuteten beide auf 12, als wir uns im Sicherheitsbereich des Flughafens Haneda bewegten. Um uns herum herrschte eiliges Treiben. Leute rannten zu ihren Gates oder besorgten sich noch schnell einen Snack to go. Wie vorgespult bewegten sie sich mit großen Reisekoffern und handlichen Trolleys an uns vorbei, während wir nach und nach von Geschäft zu Geschäft spazierten. Die letzten Augenblicke auf japanischem Boden feiern - das wollten wir beim Essen in einem der zahlreichen Lokale.

Ein letztes Mal erhoben wir die Gläser.

Ein letztes Klirren.

Ein letztes *»Kanpai«*!

十四 Die Sonne über dem Fujiyama

Am Ende der Gangway sollte die Reise nun endgültig ihr Ende finden. Von der Crew mit einem »Hallo« begrüßt zu werden, hörte sich schon fast ungewöhnlich an. Das Flugzeug hob ab und setzte Kurs auf Frankfurt. Dabei drehte es über der Stadt und man konnte das unfassbare Ausmaß dieser Metropolregion überblicken.

Unmittelbar von den Ufern der Tokyoter Bucht bis zum Horizont erstreckten sich zahllose Wolkenkratzer und wurden durch Sportplätze und Parkanlagen aufgelockert. Wie pulsierende Lebensadern durchzogen Autobahnen, endlose Gleise sowie die Flüsse Sumida und Arakawa den Dschungel aus dicht gedrängten Großstädten. Anmutig erhob sich der Skytree aus ihrer Mitte und herrschte über das Stadtgebiet. Unter uns sah man, wie die Rainbow Bridge Obaiba mit dem Festland verband.

Nachdem ich mich an diesem überwältigenden Anblick sattgesehen hatte und während das Grau der Stadt nach und nach dem Weiß der Wolken wich, lehnte ich mich wieder zurück und kramte die Kopfhörer aus meinem Rucksack, als ich ein Tippen auf meiner Schulter spürte. *»Karsten, schau mal!«* Erneut blickte ich aus dem Fenster in das immer greller werdende Sonnenlicht. Als wolle er sein Versteckspiel nun endlich beenden, erhob sich fern am Horizont die Silhouette des Fuji-san doch noch aus dem Wolkenmeer.

Ich musste lächeln und dachte nach. Die Zeit im Land der aufgehenden Sonne verging wie im Flug. Eine Zeit in einem fernen, aber doch keineswegs fremden Land. Hinter uns lagen zahlreiche schöne Erlebnisse, viele interessante Orte, allgegenwärtige, verkörperte Poesie und echt abgedrehte Dinge. Kulinarische Neuentdeckungen in Hülle und Fülle, eine kurze Zeit inmitten außergewöhlich freundlicher und hilfsbereiter Menschen, jede Menge geleerte Bierdosen und zahllose Erfahrungen, welche uns noch sehr lange Zeit ein breites Lächeln ins Gesicht zaubern werden, fanden ihren Platz im Album der Erinnerungen.

Eine Flugbegleiterin, deren äußere Erscheinung mich an die Sumos im Ryogoku Kokugikan denken lies, riss mich aus meiner Gedankenwelt. Die Bordverpflegung klatschte auf den Klapptisch vor mir. Ohne Blickkontakt, ohne nette Worte, ohne, dass ich aus einem Menü hätte wählen können. Mir drängte sich der Gedanke auf, dass sie eine Quereinsteigerin sein musste und vor ihrer Karriere an Bord von Langstreckenflügen im Strafvollzug tätig gewesen war. Mit Betreten des Flugzeuges einer deutschen Airline betrat ich offensichtlich auch deutschen Boden. Zumindest fühlte ich mich wieder wie zuhause.

Seufzend blickte ich auf bräunliches Kraut und ein Stück fettigen Schweinebraten, als mich jemand von der Seite anstupste. Meine Sitznachbarin war eine japanische Frau in meinem Alter. In weißer Bluse und schwarzer Stoffhose gekleidet, wirkte sie gleichzeitig schlicht und elegant. Mit einer geöffneten Packung Reiskekse lehnte sie sich zu mir und lächelte dabei wie die Sonne über dem Fujiyama.

ありがとうございます!

Über den Autor

Karsten erblickte 1987 im sächsischen Zwickau das Licht der Welt. Schon früh begeisterte er sich für ein Land, in dem selbst zu Nudelsuppe Stäbchen gereicht werden. Während des Erwerbs der mittleren Reife schrieb er für eine Schülerzeitung, die aufgrund schonungslos ehrlicher Inhalte nie veröffentlicht wurde. Jahre später saß er schließlich in einem Flugzeug nach Tokyo, mit dem Reisetagebuch als ständigen Begleiter. Heute teilt er seine Erlebnisse in Form kurzer Geschichten mit jedem, der sich vom Zauber einer anderen Welt anstecken lassen möchte.